IDÉES

SUR

LES FINANCES.

PAR W.[v] EDEK.

PARIS,

DE L'IMPRIMERIE DE LEBLANC.

1816.

AVIS.

Les Lecteurs de cet Opuscule n'auront pas de peine à s'apercevoir que l'Auteur est étranger à la France, et ne s'est occupé de finances que par goût, et non par état : quelques personnes de mauvaise humeur en prendront sûrement occasion de lui faire un double reproche, celui d'écrire dans une langue qui ne lui est pas familière, et celui d'empiéter sur les droits des hommes du métier.

D'autres personnes plus indulgentes, penseront peut-être, 1.° *qu'il n'est pas nécessaire d'être peintre, pour juger un tableau ; ni d'être financier pour connaître le prix du travail et l'intérêt de l'argent;* 2.° *que de toutes les langues modernes, la langue française passant, aux yeux de l'Europe, pour la plus claire et la plus précise, l'Auteur étranger, qui a jugé à propos de la choisir pour l'interprète de ses pensées, mérite plus d'éloges que de blâme, s'il a su en bien saisir le carac-*

tère et le style; 3.° enfin, que le but moral qu'il s'est proposé dans son Ouvrage, pourrait bien obtenir le suffrage des hommes sensés de tous les pays où l'on réfléchit, où l'on s'occupe des grands intérêts des Gouvernemens, et lui fera pardonner la nouveauté de quelques-unes de ses vues.

IDÉES

SUR

LES FINANCES.

Amortir, en fait de finances, veut dire : *payer ses dettes*. Mais que veut dire cette phrase? *un Etat paye ses dettes;* l'Etat n'est autre chose que la somme de tous les individus qui le composent; ces individus et l'Etat sont absolument la même chose; c'est donc comme si je disais : *je me paye mes dettes*.

Avant d'aller plus loin, commençons par un exemple.

Je suppose : que, dans le courant d'une génération, un Etat ait mis en circulation pour 1,000 millions, ou un milliard de papier-monnaie; qu'il l'ait réduit à un *nominal* de 200 millions; qu'il se soit vu forcé de créer, dans ce nouveau nominal, y compris l'émission en cuivre, 650 millions, c'est-à-dire, dans l'ancien nominal, trois milliards 250 millions : total en ce dernier style, 4,250 *millions* (4 milliards 250 millions).

Il est évident qu'on n'aurait jamais pu mettre une pareille somme de pair avec la somme d'argent qu'elle devait représenter, que par conséquent on n'aurait jamais pu l'amortir au pair. Je suppose que ce même Etat, devant pourtant entreprendre quelque chose, dit : les

1,000 millions sont réduits à. . .	200,000,000
les 3,250 millions postérieurement créés, à.	650,000,000
les 4,250 millions ne forment plus que.	850,000,000

et cette dernière somme est réduite de nouveau, savoir : 350 millions, y compris la petite monnaie, à 250 millions, et le reste de 500 millions à une rente de 6 1/2 millions, c'est-à-dire,

à 5 pour 0/0 à un capital de. . .	130,000,000
Réduction définitive.	380,000,000

On a donc réduit 4,250 millions à 380 millions, c'est-à-dire, on a amorti près de quatre milliards. Comment les a-t-on amortis? en disant purement et simplement qu'ils sont une chimère.

Mais en cela, on n'aura fait apparemment

que suivre l'opinion publique, qui, certainement sera allée plus loin, car elle aura sans doute dit depuis long-temps, que les derniers 850 millions ne valent pas même 300 millions.

Supposons que ce même Etat, dans le courant de cette même génération, ait encore émis des rentes au capital de 540 millions, qu'on ait réduit à la moitié, en ne payant que la moitié des intérêts stipulés originairement, c'est-à-dire, au capital de 270 millions; ce même Etat prétendrait donc amortir définitivement 380, et 270 *millions*, *ensemble* 650 *millions*, après avoir amorti 4 milliards, par le moyen indiqué ci-dessus!

Amortir n'est donc autre chose que regarder comme nul ce que l'Etat doit, c'est-à-dire ce que nous nous devons, ce que je me dois. Et si nous voulons, si je veux ravoir ce que j'ai dû sacrifier, c'est d'abord une preuve que j'ai eu quelque chose à sacrifier et que j'avais quelque chose de trop : il ne s'agit donc, que de recréer ce trop, pour, si le cas l'exige, avoir de nouveau à sacrifier, afin de ne pas périr dans le cas contraire.

Il s'agit enfin, de travailler, et de travailler comme la nature nous l'indique, pour l'avenir, et non pour le passé; travailler pour le passé est une idée fausse; et c'est précisément celle qu'on attache au mot d'*amortissement*. Travaillons donc pour l'avenir, et passons l'éponge sur le passé.

Qui a donné, a pu donner : on donne, on sacrifie une partie de son avoir, pour conserver le reste; on travaillera pour recouvrer le prix de son sacrifice. L'Etat qui a effacé l'existence d'un nominal de près de 4 milliards, n'a suivi que l'impulsion de ce principe naturel : le possesseur d'une grande somme nominale a perdu plus, le possesseur d'une petite, a perdu en proportion; qui a ce dont l'Etat a besoin, doit le donner. Les besoins extraordinaires de l'Etat proviennent presqu'exclusivement de la nécessité de se défendre, et des malheurs de la guerre; quel sacrifice exige-t-elle avant tout? celui d'un certain nombre d'hommes pour conserver les autres. Si, dans la guerre, un père a perdu son fils, vient-il, peut-il venir dans la tête de quelqu'un de le dédommager de cette perte? Si on ne le peut pas dans un objet dont la perte est pourtant la plus sensible, pourquoi ne renoncerait-on pas à être dédommagé des sacrifices pécuniaires, sans comparaison, moins pénibles ? Mais nous ne sommes malheureusement pas encore à cette hauteur de résignation chrétienne, et je replace mes raisonnemens au niveau des idées reçues.

Aucune crise ne se soutient au-delà d'une génération : si nous avons pu faire de grands sacrifices pendant une génération entière, nous en devons la faculté à celles qui nous ont précédés ; il ne nous reste qu'à donner le même exemple à celles qui viendront après nous.

Travaillons, et ne consommons pas en pure perte. Il faut le répéter, travailler pour la génération passée, idée qu'on attache à celle d'un amortissement, est du *non-sens* tout pur.

Il faut, dans le moment même où l'on fait un sacrifice, se croire moins riche, et travailler plus pour l'avenir. Croire, ou faire croire qu'on a, mais sous une autre apparence, ce qu'on a sacrifié, et rester dans le même état d'indolence qu'auparavant, au-lieu de redoubler de travail et d'économie, est une illusion pernicieuse, dont la nature même fait sentir douloureusement la vanité à la génération suivante. C'est parce qu'on n'envisage pas les choses sous ce point de vue, que les nations croyent que toutes les charges publiques devraient finir avec la guerre. C'est croire, quand un ouragan, une inondation ont abîmé un vaste terrein, que tout est réparé, au moment où l'ouragan cesse, où les eaux rentrent dans leur lit. Mais c'est justement alors que doivent commencer les efforts qui tendent à réparer les désastres dont on se plaint, et en même-temps à préparer un meilleur sort à la génération suivante.

Le grand secret politique est d'encourager à plus de travail; on encourage au travail sans doute, en faisant espérer qu'il procurera un bénéfice proportionné à la peine. Mais comment trouver ce moyen ? Il me paraît tout simple : c'est de convaincre d'avance celui qui vend pour le besoin de l'Etat, et au moment même qu'il vend, que s'il ne continue pas à travailler, l'équivalent qu'on lui donne se dégrade au point que, dans une génération, il devient nul, ou pour mieux dire, ne fructifie que par un nouveau travail.

On me dira peut-être qu'*amortir,* c'est principalement replacer, repartager la fortune; mais d'abord je demande : quand? et puis je prétends qu'on fait le contraire, car le système actuel d'amortissement enrichit précisément ceux qui n'ont rien sacrifié, par conséquent ceux qui ne travaillent pas; à-moins qu'on ne veuille appeler l'agiotage un travail; mais moi, non-seulement je ne l'appelle pas *travail*, mais bien la destruction de ce que produit le travail.

On me répondra encore, que la dégradation de l'équivalent s'effectue d'elle-même; car, tout le monde a l'expérience que le papier-monnaie se dégrade, que la valeur des rentes se dégrade : et sans doute on le sait à-présent; mais on n'en espère pas moins que tôt ou tard les rentes reviendront au pair : et cette croyance nuit au zèle, à l'industrie et au travail. Tout ce qui en résulte vient à l'appui de mon principe, savoir : que la dette de l'Etat est nulle par le fait, et qu'elle marche elle-même vers son extinction; mais comme personne n'y croit, comme on se flatte du contraire, on se croit toujours riche, avec la dette de l'Etat, et on ne travaille pas; on se croit riche avec un papier en porte-feuille, qui dit *vingt*, et dont le possesseur doit lui-même une partie. D'abord ces 20 étaient effectivement 20; puis ils se réduisent nécessairement, par exemple, à 12 : et puis les nouvelles émissions ne sont que 12, au moment même où on les émet pour une valeur nominale de 20; si je continue de recevoir le même intérêt; j'obtiens alors déjà plus de cinq pour cent, et tout en me plaignant de la dégradation du soi-disant capital, je m'en console par l'espoir de son amélioration; et en attendant cette époque miraculeuse, je vois que le capital dégradé me rend un plus grand intérêt; mais c'est là précisément cette illusion qui s'oppose à l'activité du travail, et nous prépare un réveil douloureux. Plus le capital de la rente se dégrade, moins je peux espérer, en le vendant, d'obtenir du prix que j'en recevrai un revenu semblable. De l'autre côté, celui qui a 12, achète avec cette somme, et moins, un revenu de 1, avec l'espoir illusoire que ces 12 deviendront 20 : et cet acheteur ne travaille pas davantage.

Créer des rentes qui rapportent éternellement 5 pour o/o, c'est donc évidemment provoquer la paresse. L'amortissement, dit-on, en est le remède; il faut travailler par la nécessité de fournir à l'impôt; mais dans quel pays cet impôt est-il en proportion avec la nouvelle dette? Qu'on me cite, depuis des siècles, un Etat où la dette de l'Etat se soit diminuée par ce moyen, sans que celui-ci n'ait occasionné une nouvelle dette plus considérable que celle qu'on voulait amortir? Amortir les capitaux est donc une chimère, et cela principalement parce que cette opération est toujours accompagnée de l'idée qu'on travaille pour le passé, pour son père, son aïeul, son bisaïeul : idée fausse et décourageante ! Dirigez au contraire le travail vers l'avenir, faites-nous travailler pour nos enfans, et vous en verrez le produit augmenter dans une proportion toujours croissante. La chose est dans la nature; l'amour d'un père pour son fils est bien plus profond et plus actif que celui d'un fils pour son père. Si un père fait des sacrifices immenses pour un fils, nous les trouvons tout simples. Qu'un fils en fasse autant pour son père, nous le comblons d'éloges, nous sommes dans l'admiration.

Il est donc évident qu'il n'y a nulle production sans travail; et il ne l'est pas moins, que le travail le plus actif est celui qui a l'avenir pour objet : tout ce que l'homme fait est susceptible de dépérissement; pourquoi voudrait-on que la dette de l'Etat fût exempte de cette loi générale? pourquoi ne serait-elle pas assujétie à la même dégradation que l'homme lui-même ? La dette de l'Etat n'est que la représentation de ce que nous avons dû sacrifier à l'intérêt de l'Etat. Comment voudroit-on que ce qui représente un sacrifice, devînt la chose sacrifiée, c'est-à-dire, la fortune particulière de chacun de nous, si nous ne travaillons pas à la reproduire pour l'avenir?

Qu'on ne m'objecte pas que la dette de l'Etat se compose souvent des prodigalités de la Cour, et par conséquent, qu'amortir n'est que le mode de remboursement de la dette qu'un Monarque a contractée envers ses sujets. C'est là précisément un autre travers, qu'il faut rectifier.

Que la Cour, le Monarque, le Gouvernement enfin, et ce qu'on appelle les *sujets* ou la *nation* soient regardés par des ignorans ou des factieux, comme des êtres à part, détachés les uns des autres, et souvent même en guerre les uns avec les autres : je le conçois; nous en avons vu trop d'exemples de notre temps, et c'est ainsi qu'on parvient à tout diviser et à tout bouleverser. Mais ce n'est pas sous ce point de vue que les hommes sages, les citoyens vertueux et les publicistes éclairés envisagent l'Etat et son chef; ils pensent au contraire que les mots de *Gouvernement*, de *Roi*, d'*Empereur*, représentent l'idée d'un chef de famille, et ne forment qu'un tout avec elle : et cette idée tout-à-la-fois morale et politique, me paraît faite pour réunir tous les cœurs et pour dissiper tous les doutes.

Le Chef de l'Etat peut de fait disposer de tous nos moyens, pour le plus grand bien de tous; s'il en disposait autrement, il se ferait le plus grand mal à lui-même, précisément parce qu'il en ferait aux membres de la famille.

Or ce que doit l'Etat, c'est nous qui le devons: nous sommes riches et pauvres avec lui; et croire que nous pouvons *avoir*, quand l'Etat *doit*, est une idée fausse et dangereuse, en ce qu'elle excite une guerre intestine entre le père de famille et ses enfans. Au moment donc où l'Etat me demande un sacrifice, c'est-à-dire où je dois me l'imposer, je dois me convaincre aussitôt de la nécessité de travailler davantage, pour n'en pas laisser tomber tout le poids sur la tête de mes enfans. De son côté, le Gouvernement secondera mes efforts, en me laissant entrevoir l'accroissement de ma fortune dans cette augmentation de travail.

Mais pour donner à ce travail une mesure

quelconque, j'admets une gradation par génération, et je renferme une génération, c'est-à-dire, le temps durant lequel chaque homme se trouve en état de travailler, dans une période de 26 ans; dans cette hypothèse, je conclus que le moyen le plus efficace d'obvier à tous les inconvéniens, serait d'émettre, à chaque besoin extraordinaire, une rente à 7 pour 100, pendant 26 ans, au bout desquels elle serait éteinte : voilà tout mon secret.

En admettant une somme donnée d'impôts, pendant une génération entière, on verra par le tableau ci-joint (voyez à la fin), quelle serait la marche à suivre, tant pour les sacrifices que pour les rentes et les impôts. On verra de plus, que si on a donné à l'Etat le produit de ses économies, on les regagnera infailliblement au profit de ses enfans, en travaillant seulement un quinzième de plus qu'à l'ordinaire; on verra enfin, que si une génération entière est condamnée à ce travail, elle arrivera insensiblement après un certain nombre d'années, au point d'en doubler le produit, de payer les impôts sans gêne, et de marcher rapidement vers un état prospère.

Qu'on reprenne maintenant l'exemple que

nous avons exposé au commencement de cet écrit ; qu'on en fasse la comparaison avec le susdit tableau, et on verra que l'Etat, dont il est parlé par supposition, après avoir amorti quatre milliards de dettes, se trouve, au bout d'une génération, en face du maximum, c'est-à-dire, chargé d'une dette de 650 millions, et par-là, dans la nécessité urgente de faire doubler *tout-d'un-coup,* tout travail, et de soutenir ce travail forcé pendant une génération entière; tandis qu'en créant à chaque besoin extraordinaire, une rente de 7 pour o/o, pour 26 ans, ce même Etat se trouverait déjà (voyez le tableau), par une progression naturelle, parvenu sans violence, au double de son travail ordinaire, et pourrait, suivant les circonstances, ou soutenir plus facilement un travail, qui sera devenu une habitude, ou se permettre du repos dans la même progression.

Je ne sais pas, et je crois que personne ne sait sur quoi est fondé le calcul, qui regarde comme impérissable l'intérêt d'un emprunt à 5 pour o/o ; je serais bien plutôt tenté de regarder comme suffisans ces 5 pour o/o pendant 26 ans seulement ; mais ne voulant pas approfondir une chose qui ne peut pas l'être, je m'oppose seulement à un revenu éternel sans travail, et respectant le préjugé ou le raisonnement qui a fixé les 5 pour o/o, j'élève cet intérêt à 7 pour o/o; mais je lui impose en même-temps un terme.

Il est évident que de cette manière, on engage au travail : car, possesseur d'un pareil titre, si je ne l'employe pas à-la-fois, pour acheter des objets, dont la valeur s'augmente par mon travail, ou si je n'employe pas les 7 pour o/o annuels, successivement de la même manière, je m'expose à tomber dans l'indigence; mais je suis averti d'avance que, dans 26 ans, mes rentes seront anéanties, et on ne me fait aucun tort.

Des rentes qui s'éteignent sont donc le seul moyen d'engager au travail, tandis qu'une rente perpétuelle rend celui qui la possède essentiellement paresseux. Il est tout simple que si, par une épargne quelconque, placée sur l'Etat, je me suis procuré un revenu suffisant pour vivre sans travailler, je vive sans travail, si cela me convient; je n'en suis pas moins un paresseux : ce qui est toujours d'un mauvais exemple; mais ce qui est tout-à-la-fois scandaleux et absurde, c'est que je puisse donner à mes enfans, jusqu'à la dernière génération, le même droit de paresse, et la même faculté de vivre sans travailler.

Par une rente qui s'éteint, je procure un revenu pour un certain temps : cela est juste, cela est dans la nature ; si je laisse un revenu pour 26 ans après ma mort, je n'ai rien à craindre pour mes enfans, dans leur enfance, et ceux-ci sachant, que telle année finie, finira leur revenu, seront forcés d'étudier, d'apprendre un métier, de cultiver les sciences et les arts, de se mettre, en un mot, à même de vivre de leur travail.

Il est en effet bien singulier, qu'on croye qu'un revenu fondé sur le dépôt d'une somme d'argent puisse être éternel, sans un travail ultérieur. Si, par mon travail, je suis parvenu à bâtir une maison, par exemple, il est sûr que pour avoir le même revenu, mes successeurs doivent en sacrifier nécessairement une partie, pour les réparations de cette maison. Il faut donc éternellement arroser ce qu'on appelle le capital; il faut travailler pour avoir non pas un plus grand, mais seulement le même revenu; sans travail le revenu diminue : donc par le fait, le capital ne peut se soutenir qu'aux dépens des revenus. Sans leurs secours, l'un et l'autre diminuent avec une grande rapidité ; croire qu'une maison puisse rendre éternellement le même revenu, sans que la chaîne des héritiers successifs travaille à ses réparations, c'est croire une sottise. Pourquoi veut-on que l'argent, qui pourtant n'est rien par lui-même, mais qui représente seulement la richesse, puisse constituer un revenu éternel? De quelle manière veut-on justifier l'idée d'une rente éternelle sans travail? L'amortissement n'y remédie point, car moi, propriétaire d'une rente, si je ne veux pas la vendre à l'Etat, je la garde, mes successeurs la gardent, et nous resterons éternellement dans notre coupable oisiveté : peu nous importe la dégradation du capital, nous avons toujours nos cinq pour cent.

Une rente qui a un terme, a bien une autre influence sur le développement des forces d'un Etat : on travaillera pour produire et reproduire incessamment : et dans cette hypothèse, tout marche vers la prospérité publique et particulière.

En général, commençons par estimer l'argent pour ce qu'il vaut, c'est-à-dire comme moyen, et non comme but, et encore moins comme un but impérissable, c'est-à-dire réproductif sans travail. Tout le monde sait que l'argent d'un avare, entassé dans un coffre-fort, ne produit, ne procure, ne rend rien. Que fait-on ? On le prête, c'est-à-dire on fait travailler les autres, pour pouvoir s'en dispenser soi-même. Ce prêt va de mains en mains, et ne trouve que tard quelqu'un qui l'emploie au travail; celui-ci doit par conséquent travailler pour toutes les mains paresseuses par lesquelles la somme a passé.

Tout, dans la nature, est moyen; il n'y a point de but définitif. Tout but est relatif, c'est-à-dire, devient un nouveau moyen, soit pour monter, soit pour descendre; et s'il y a quelque terme que l'intelligence humaine voulût s'aviser de poser, comme le dernier de tous, la nature la désabuserait bientôt, en lui prouvant que ce dernier but n'est qu'un nouveau moyen pour parcourir de rechef le même cercle. Quel orgueil de croire que, par un travail quelconque, durant le peu d'années que nos forces nous le permettent, nous puissions créer un revenu éternel et impérissable ! quel délire de croire qu'on puisse amortir et recouvrer ce qui a été perdu et consommé pendant une génération, si on ne redouble pas le travail qui l'avait procuré !

Je ne suis pas le seul, sans doute, et encore moins le premier qui déclare que le travail est le seul moyen d'augmenter le bien-être des individus ; mais cette vérité n'en est pas encore une pour tout le monde. La masse des nations n'en est pas convaincue ; les Gouvernemens ne se sont jamais occupés de la démontrer. Il semble même qu'ils nous invitent à en douter, en nous offrant, par l'émission des rentes éternelles, les moyens trop faciles de nous affranchir d'un travail journalier.

Cependant si, au moyen des rentes perpétuelles, on peut compter sur des revenus éternels, il s'ensuit que l'impôt, qui acquittera ces rentes, en aura la durée. Et voilà pourquoi les impôts ne seront jamais en proportion des besoins de l'Etat ; et voilà encore d'où viennent tous les embarras des Gouvernemens modernes ; embarras toujours croissans pour eux, parce qu'ils sont obligés d'emprunter, pour payer la rente, et d'imposer pour rembourser l'emprunt.

Une rente qui aurait un terme, n'exigerait

aussi qu'un impôt à terme, et un impôt qui coûterait moins de peines aux contribuables; car on donne avec moins de répugnance ce qu'on sait bien qu'on ne donnera pas toujours.

Une rente qui s'éteint, et par conséquent un impôt qui a un terme, forcent nécessairement au travail, parce qu'on sait que sans lui le revenu tarit, que sans lui l'impôt se prolonge et se multiplie; dans la supposition contraire, on se trouve doublement engagé à la paresse, et par l'appât d'un revenu sans travail, et par le découragement qu'inspire un impôt sans fin.

Je me propose de traiter, dans un autre écrit, du mode d'émission et de payement des rentes, ainsi que de celui des impôts. En attendant, j'espère avoir prouvé que l'Etat doit, c'est-à-dire, que nous devons nous encourager, par tous les moyens possibles, au travail, et à un travail plus grand, en proportion de la grandeur de nos sacrifices.

L'impôt n'y suffisant pas, et ne fournissant qu'à l'amortissement, tel qu'on l'entend ordinairement, insuffisant de son côté, parce qu'il suppose un temps au-delà de la vie d'un homme, et par conséquent un temps indéfini, durant lequel peuvent survenir des événemens incalculables, et consommant ce qui y est destiné, il faut engager au travail par un nouveau moyen; et de tous ceux qu'on pourrait employer, j'avoue que celui qui me paraît le plus efficace, serait de remplacer les rentes perpétuelles par des rentes temporaires, et qui s'éteindraient au bout de vingt-six ans : *ce qu'il fallait démontrer.*

e

OUR PRÉCÉDENTE.

18	1809.		6.	1827.		1828.		1829.		.	1837.		1838.		1839.		1840.		1841.	
il- ns.	Millions.	Quarts.	Quarts.	Millions.	Quarts.	Millions.	Quarts.	Millions.	Quarts.	Quarts.	Millions.	Quarts.	Millions.	Quarts.	Millions.	Quarts.	Millions.	Quarts.	Millions.	Quarts.
1.	..1.	3.																		
1.	..1.	3.																		
1.	..1.	3.																		
1.	..1.	3.																		
1.	..1.	3.																		
1.	..1.	3.																		
.	..1.	3																		
.	..1.	3.																		
.	..1.	3.																		
.	..1.	3																		
.	..1.	3	3.																	
.	..1.	3.	3.	..1.	3.															
3.	..1.	3.	3.	..1.	3.	..1.	3.													
3.	..1.	3.	3.	..1.	3.	..1.	3.	..1.	3.											
3.	..1.	3.	3.	..1.	3.	..1.	3.	..1.	3.											
3.	..1.	3.	3.	..1.	3.	..1.	3.	..1.	3.											
3.	..1.	3.	3.	..1.	3.	..1.	3.	..1.	3.											
3.	..1.	3.	3.	..1.	3.	..1.	3.	..1.	3.											
..	..1.	3.	3.	..1.	3.	..1.	3.	..1.	3.											
..	.....	..	3.	..1.	3.	..1.	3.	..1.	3.											
..	.....	..	3.	..1.	3.	..1.	3.	..1.	3.	3.										
..	.....	..	3.	..1.	3.	..1.	3.	..1.	3.	3.	..1.	3.								
..	.....	..	3.	..1.	3.	..1.	3.	..1.	3.	3.	..1.	3.	..1.	3.						
..	.....	..	3.	..1.	3.	..1.	3.	..1.	3.	3.	..1.	3.	..1.	3.	..1.	3.				
..	.....	..	3.	..1.	3.	..1.	3.	..1.	3.	3.	..1.	3.	..1.	3.	..1.	3.	..1.	3.		
..	.....	..	3.	..1.	3.	..1.	3.	..1.	3.	3.	..1.	3.	..1.	3.	..1.	3.	..1.	3.	..1.	3.
2.	.33.	1.	..	.26.	1.	.24.	2.	.22.	3.	2.	..8.	3.	..7.	..	..5.	1.	..3.	2.	..1.	3.

Développement des Rentes à 7 p. 0/0 pour 26 ans.

PROGRESSION RELATIVE DU TRAVAIL POUR REPRODUIRE POUR LA GÉNÉRATION SUIVANTE, LE SACRIFICE QU'A DU FAIRE LA PRÉCÉDENTE.

Années	1791.	1792.	1793.	1794.	1795.	1796.	1797.	1798.	1799.	1800.	1801.	1802.	1803.	1804.	1805.	1806.	1807.	1809.	1810.	1811.	1812.	1813.	1814.	1815.	1816.	1817.	1818.	1819.	1820.	1821.	1822.	1823.	1824.	1825.	1826.	1827.	1828.	1829.	1830.	1831.	1832.	1833.	1834.	1835.	1836.	1837.	1838.	1839.	1840.	1842.
[illegible]	[illegible]	[illegible]	[illegible]	[illegible]	[illegible]	[illegible]	[illegible]	[illegible]	[illegible]	[illegible]	[illegible]	[illegible]	[illegible]	[illegible]	[illegible]	[illegible]	[illegible]	[illegible]	[illegible]	[illegible]	[illegible]	[illegible]	[illegible]	[illegible]	[illegible]	[illegible]	[illegible]	[illegible]	[illegible]	[illegible]	[illegible]	[illegible]	[illegible]	[illegible]	[illegible]	[illegible]	[illegible]	[illegible]	[illegible]	[illegible]	[illegible]	[illegible]	[illegible]	[illegible]	[illegible]	[illegible]	[illegible]	[illegible]	[illegible]	[illegible]

Maximum.

www.ingramcontent.com/pod-product-compliance
Ingram Content Group UK Ltd.
Pitfield, Milton Keynes, MK11 3LW, UK
UKHW020449220726
13923UKWH00005B/2439